Mi bibliotecaria es un camello

Cómo llegan los libros a los niños en todo el mundo

Margriet Ruurs

BOYDS MILLS PRESS

AN IMPRINT OF HIGHLIGHTS

Honesdale, Pennsylvania

A Rob, que le encanta viajar.
Y a todas las personas que unen a los niños con los libros
—MR

Boyds Mills Press, Inc.
An Imprint of Highlights
815 Church Street
Honesdale, Pennsylvania 18431
Impreso en China

Publisher Cataloging-in-Publication Data (U.S.)

Ruurs, Margriet.
    My librarian is a camel : how books are brought to children around the world / by Margriet Ruurs.—1st ed.
[   ] p. : col. ill. ; cm.
ISBN: 978-1-59078-093-0 (hc)   •   ISBN: 978-1-62979-535-5 (Spanish hc)
ISBN: 978-1-62979-273-6 (e-book)   •   ISBN: 978-1-62979-554-6 (Spanish e-book)
1. Traveling libraries—Juvenile literature. 2. Librarians—Juvenile literature. I. Title.
027.4 22   Z716.R887 2005

Primera edición española, 2015
La fuente gráfica del texto de este libro es Stone Serif.

10 9 8 7 6 5 4 3 2 1

CONTENIDO

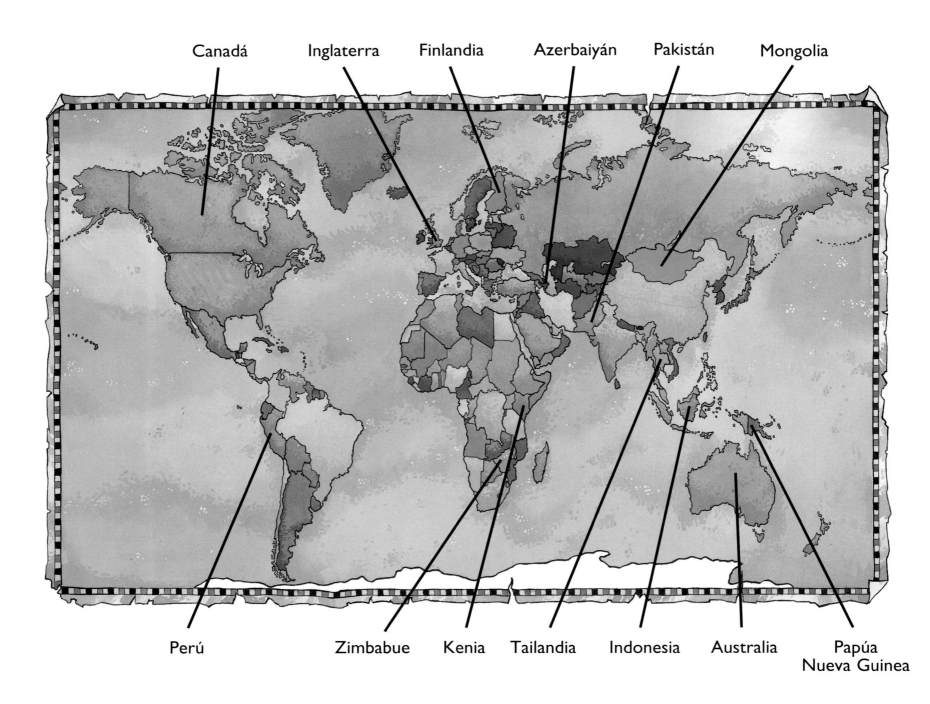

Canadá

Inglaterra

Finlandia

Azerbaiyán

Pakistán

Mongolia

Perú

Zimbabue

Kenia

Tailandia

Indonesia

Australia

Papúa
Nueva Guinea

INTRODUCCIÓN

Hace unos años, leí un artículo en el periódico sobre un camello en Kenia que llevaba libros a los jóvenes que vivían en pueblos remotos del desierto. Me pregunté de qué otras maneras recibiría la gente los libros en otras partes del mundo. Con mi investigación, descubrí que hay todo tipo de "bibliotecas móviles": bibliotecas a cuatro patas, con ruedas y otros medios.

Me fascinaba conocer los esfuerzos que algunas personas están dispuestas a hacer para poner libros en las manos de los jóvenes lectores. Empecé a contactar bibliotecarios en lugares muy lejanos. Me respondieron y compartieron conmigo mucha información, sus historias personales y fotos de sus bibliotecas móviles y de los jóvenes que las usaban. Con el tiempo, llegué a recopilar un álbum con muchos recortes de bibliotecas móviles de todo el mundo.

La realización de este libro ha sido una experiencia enriquecedora y apasionante. Desde Australia a Zimbabue, descubrí que a mucha gente le apasionan los libros y entienden la importancia de las bibliotecas en nuestras vidas. Un bibliotecario en Azerbaiyán me explicó que las bibliotecas son "tan importantes como el aire o el agua".

Es posible que, cuando vas a la biblioteca, no le das la mayor importancia, como me pasaba a mí antes. La próxima vez que saques libros de la biblioteca, piensa en la suerte que tienes de poder elegir entre tantos libros gratis y llevar a tu casa todos los que quieras.

Los bibliotecarios y voluntarios que llevan libros en camello, en elefante o en barco han sido mi fuente de inspiración. Espero que también te inspiren a ti.

AUSTRALIA

En Australia, hay más de cinco mil bibliotecas. Unas setenta y dos de ellas van sobre ruedas. Algunas bibliotecas móviles cubren la Costa Dorada, una franja de playas en el estado de Queensland que se extiende desde el norte, en la frontera de Nueva Gales del Sur, hasta Brisbane, la capital del estado. Unos camiones inmensos con remolque llevan miles de libros a los niños que no tienen acceso a la biblioteca de una ciudad.

Travis, el bibliotecario, viaja en uno de esos camiones y visita escuelas donde habla de los libros y cuenta cuentos.

—Algunos cuentos hacen pensar a los niños —dice Travis—. Otros les hacen reír o llorar.

Estas historias consiguen que los niños se entusiasmen con los libros y la lectura, y por eso toman muchos libros prestados.

La biblioteca móvil de Travis es más que un camión. Es una biblioteca de alta tecnología que funciona con energía solar. Tiene una placa solar en la parte de arriba del camión. Dentro hay seis computadoras y una impresora, alimentadas por una unidad SAI (sistema de alimentación ininterrumpida) que se carga con una serie de baterías.

El camión tiene tres unidades con aire acondicionado, dos hileras de luces fluorescentes, nueve proyectores y un equipo de sonido estereofónico con sonido envolvente. También tiene un ascensor para sillas de ruedas, un horno microondas, una pequeña nevera, un inodoro y dos lavabos. Todos estos componentes están alimentados por baterías que los recargan continuamente. La placa solar da energía a las baterías para mantenerlas en funcionamiento.

Mancomunidad de Australia
Capital: *Canberra*
Población estimada: *20,000,000*

Australia es el continente más pequeño del mundo y se encuentra al sureste de Asia. Como este continente está en el hemisferio sur, las estaciones son opuestas a las del hemisferio norte. El verano empieza el 1 de diciembre. El invierno empieza el 1 de junio. El idioma oficial es el inglés, pero los indígenas de Australia también hablan cientos de idiomas aborígenes.

Los lectores de Australia toman libros prestados del camión biblioteca alimentado con energía solar.

AZERBAIYÁN

Cuando llega el camión biblioteca azul, los niños de Azerbaiyán están deseando ver los libros.

Los niños del asentamiento de refugiados de Kelenterli no pueden contener su alegría cuando saben que pronto los visitará el camión azul. Este camión azul es una biblioteca y existe gracias al duro trabajo de Relief International, una organización que da apoyo a las víctimas de desastres naturales y conflictos civiles.

Estos niños viven en la pobreza, pero el camión biblioteca azul despierta en ellos la alegría y la curiosidad.

—Cuando la biblioteca viene al pueblo, es un gran acontecimiento —dice el bibliotecario—. Ofrece un poco de alegría a los niños que normalmente no tienen muchas ilusiones.

Este camión biblioteca lleva ya años ofreciendo libros a los niños. Está diseñado para ofrecer una amplia variedad de libros a los jóvenes. Dos camiones biblioteca ofrecen sus servicios a más de mil seiscientos estudiantes en unas veintitrés escuelas de refugiados. Su objetivo es simple: que los niños de Kelenterli puedan tomar libros prestados durante unas horas a la semana. Al hacerlo, sienten que forman parte de una nueva generación que está creciendo en un Azerbaiyán nuevo. Los camiones solo viajan por dos regiones de Azerbaiyán. A otros niños de otras partes del país también les gustaría recibir las visitas del camión azul. Pero lamentablemente, no hay suficientes camiones ni libros para todos. Relief International está trabajando para solucionar esto.

—Para nosotros —dice el bibliotecario—, la biblioteca móvil es tan importante como el aire o el agua.

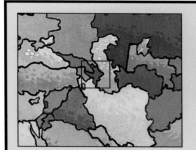

República de Azerbaiyán
Capital: *Baku*
Población estimada *8,347,000*

Azerbaiyán se encuentra en el suroeste de Asia. Esta antigua república de la Unión Soviética se hizo independiente en 1991. Desde que se separó de la Unión Soviética, Azerbaiyán ha sufrido muchos conflictos civiles. La gente habla azerí, pero también habla ruso, sobre todo en la capital del país.

Los niños de Azerbaiyán aprenden la historia de su país con libros escritos en su propio idioma.

9

CANADÁ

Nunavut, que significa "Nuestra Tierra" en el idioma de los inuit, es un territorio muy grande en el norte de Canadá. La región ártica se extiende desde el Polo Norte a Arviat en el sur, y desde Kugluktuk en el oeste a Panjnirtung en el este. Las distancias son enormes y hay muchos pueblos aislados. Los Territorios del Noroeste van desde Nunavut en el este a Yukón en el oeste.

Las ciudades grandes, como Iqaluit, Tuktoyaktuk y Yellowknife tienen sus propias bibliotecas públicas en edificios, pero hay muchas comunidades que son demasiado pequeñas para tener una biblioteca en un edificio. Algunas comunidades, como Fort Liard, tienen una biblioteca virtual que ofrece acceso a Internet. Aunque la comunidad no tiene una biblioteca en un edificio, el sistema de bibliotecas públicas de los Territorios del Noroeste ofrece libros a todos los que viven más al norte mediante un programa de préstamo de libros por correo.

Tyson Anakvik, Colin Igutaaq, James Naikak y Cameron Ovilok son amigos y viven en la Bahía de Cambridge, en Nunavut. Piden libros prestados a la biblioteca por teléfono o correo electrónico. A su pueblo no van las bibliotecas móviles. Reciben los libros por correo. El programa de préstamo de libros por correo se compromete a enviar a los niños cualquier libro que quieran leer. Si la biblioteca no tiene ese libro en su sistema, los bibliotecarios lo toman prestado de otra biblioteca de Canadá y lo envían. Además del libro, también incluyen un sobre con estampillas para que los niños no tengan que pagar por enviarlo de vuelta.

Los niños llevan a su pequeña amiga Liza en trineo mientras caminan a la oficina de correos para recoger sus libros. Están deseando leer sus libros esa noche. Durante los días de invierno, el sol no se asoma en el horizonte, y cuando el termómetro marca una temperatura de 50 grados bajo cero, a los niños les gusta acurrucarse con un buen libro cerca de la estufa de leña. Mientras el viento del norte sopla en la tundra, ellos leen novelas de fantasía y de acción. A Liza le gusta buscar los libros ilustrados en el paquete.

Pueden quedarse con los libros seis semanas. Pasado ese tiempo, tienen que empacarlos y caminar hasta la oficina de correos para enviarlos de vuelta a la biblioteca. Entonces volverán todos los días a la oficina de correos para ver si ya ha llegado el nuevo paquete marrón con más libros para devorar en su rincón remoto del Ártico de Canadá.

Canadá
Capital: *Ottawa*
Población estimada: *30,532,900*

Canadá está en América del Norte y es el segundo país más grande del mundo. El punto más al este de Newfoundland está más cerca de Inglaterra que de Calgary, en Alberta. De este a oeste, Canadá es tan ancho que tiene seis zonas horarias diferentes. Canadá tiene dos idiomas oficiales, el inglés y el francés. Los indígenas canadienses además hablan sus propios idiomas. El pueblo original del norte se llama inuit y habla inuktitut.

FINLANDIA

La costa sur de Finlandia bordea el Golfo de Finlandia. El archipiélago, en el suroeste, consiste en miles de islas rocosas. Algunas islas solo tienen visitantes en verano, pero otras están pobladas todo el año. Las personas que viven en esta parte de Finlandia hablan finés y sueco. Desde 1976, la

En medio del archipiélago Aboland hay una extensión grande de agua llamada Gullkrona, que quiere decir "corona dorada". El nombre se lo puso la reina Blanka de Namur (1316–1363). Según la vieja leyenda, cuando la Reina viajaba a Finlandia, prometió que donaría su corona dorada a la cosa más hermosa que viera por el camino. Resultó ser una bahía en el sur de Finlandia, ¡y dejó que su corona se hundiera ahí en las olas! Ahora la bahía se llama Bahía de Gullkrona.

Biblioteca Pargas lleva libros a la gente que vive en estas islas en un barco libro o *Bokbåt* en sueco y *Kirjastovene* en finés.

El barco se llama *Kalkholm*, que significa "isla de piedra caliza" en sueco. Mide 4 metros de ancho y 12 de largo. Lleva unos seiscientos libros. El barco, con una tripulación que consiste en un bibliotecario y su asistente, navega entre las islas y hace unas diez paradas. Los niños se acercan a las costas rocosas para recoger los libros. Los inviernos en Finlandia son muy duros y el barco solo funciona de mayo a octubre.

Maj-Len, la bibliotecaria jefa de Pargas Stad, supervisa la operación del barco libro.

—La lectura es muy importante para los niños de nuestro barco libro —dice—. Si el barco no viniera a visitarlos, probablemente no leerían nada. Siempre se ponen felices cuando nos ven llegar con un nuevo cargamento de libros.

República de Finlandia
Capital: *Helsinki*
Población estimada: *5,156,000*

Finlandia está en el norte de Europa. Al menos un tercio del país está al norte del Círculo Polar Ártico. Se conoce como "la tierra de los lagos y las islas" por una buena razón. Finlandia tiene más de cincuenta y cinco mil lagos y miles de islas. El país tiene dos idiomas oficiales, el finés y el sueco. Hay otros idiomas como el lapón y el romaní.

La región de Laponia se extiende entre Noruega, Suecia, Finlandia y parte de Rusia. La mayor parte de Laponia se encuentra en el Círculo Polar Ártico, con zonas cubiertas de hielo y nieve todo el año. Los lapones nómadas han vivido aquí desde el primer milenio a. C. Casi todos los lapones ahora se han asentado, pero algunos siguen teniendo una vida nómada y dependen de los renos para conseguir alimentos, ropa y refugio.

En Laponia del Norte, cuatro pueblos comparten un autobús biblioteca móvil, que también ofrece libros para niños. Este autobús es especial porque sus servicios los comparten comunidades de tres países: Finlandia, Suecia y Noruega.

INDONESIA

Los niños que viven en los pueblos a lo largo del río corren a recibir la biblioteca flotante cuando la ven llegar.

Indonesia cuenta con muchas islas y los ríos son las principales vías de transporte. Por eso, no es de extrañar que en los ríos floten algunas bibliotecas.

Hay siete bibliotecas flotantes en el país. La Biblioteca Flotante Kalimantan consiste en un barco de madera, de 8 metros de largo y 3 de ancho. El barco tiene un motor diésel y puede llevar hasta quinientos libros.

Cuando el barco empezó a llevar libros por el río Kahayun, no podía continuar su viaje hasta que la gente terminara de leer los libros. Eso demoraba demasiado tiempo. Los bibliotecarios decidieron dejar contenedores llenos de libros, así podían seguir navegando por el río y llevar libros a otros pueblos. Ahora, los niños que viven en los pueblos a lo largo del río, acuden corriendo a recibir el barco que llega río arriba. Se ponen muy contentos cuando buscan en la caja los nuevos libros que van a leer.

En la ciudad de Surabaya, hay una bicicleta biblioteca que hace repartos todos los días. El Consejo de Bibliotecas de Java Oriental decidió que la bicicleta era la forma más económica de llevar libros a los lectores. La bicicleta no usa combustible y no daña el medio ambiente. Con la bicicleta es más fácil recorrer las calles estrechas y sinuosas de la ciudad. Esta biblioteca móvil distribuye libros para promover la lectura en la ciudad, en las escuelas rurales, en los pueblos y los *kampong*, que son comunidades urbanas diseñadas para parecer pueblos rurales. Los niños y sus padres pueden tomar libros prestados de la bicicleta biblioteca y cambiarlos por otros cuando esta regresa a la zona.

República de Indonesia
Capital: *Jakarta*
Población estimada: *238,000,000*

Indonesia está compuesta de muchas islas. Es el grupo de islas más grande del mundo, con más de 17,500 islas situadas entre los océanos Índico y Pacífico. Las islas de Indonesia incluyen a Sumatra, Borneo, Java, Bali, Timor y muchas más. La gente habla un idioma llamado bahasa indonesio, pero también se hablan más de doscientos idiomas adicionales, entre ellos, el inglés.

En Surabaya, los niños y los adultos reciben a la bicicleta biblioteca.

La Biblioteca Blackpool reparte la alegría de la lectura en la playa con una carretilla.

INGLATERRA

La Biblioteca de la Playa Blackpool reparte libros a las personas que están disfrutando de sus vacaciones de verano en la playa, ¡con una carretilla!

Dos asistentes de biblioteca se encargan de llenar la carretilla de libros y llevarla por la playa. Para tomar un libro prestado, no hace falta ser miembro de la Biblioteca Blackpool. Después de leer los libros, sencillamente se devuelven a la carretilla cuando vuelva otro día.

Las personas que trabajan en la Biblioteca Blackpool saben que es importante inculcar el amor por la lectura.

—Una biblioteca es un servicio, no un edificio —dice una bibliotecaria.

Además de paseos en burro y limonada, ¡esta playa

En la playa, hasta a los burros les gusta meter la nariz en un libro.

*Biblioteca móvil
de Gloucester.*

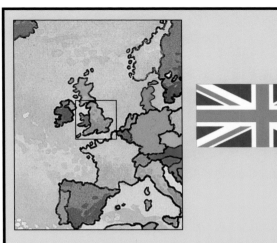

Inglaterra
Capital: *Londres*
Población estimada: *59,000,000*

Inglaterra es parte del Reino Unido de Gran
Bretaña e Irlanda del Norte. El Reino Unido está
en la costa noroeste de Europa. Inglaterra, Gales,
Escocia e Irlanda del Norte forman el Reino Unido.
El idioma oficial es el inglés, pero algunas personas
de Gales hablan galés y algunas personas de
Escocia hablan escocés.

ofrece libros!

En Inglaterra también hay otros tipos de bibliotecas.
En Gloucester, un condado de Inglaterra, tienen el *Share-a-Book* (Comparte un libro), una biblioteca móvil en una
camioneta. El bibliotecario viaja en su camioneta por
las zonas rurales, donde los niños no tienen acceso a
las bibliotecas públicas normales. Muchos niños no
tienen libros en sus casas para leer y compartirlos con
sus padres.

Share-a-Book tiene libros especiales para niños
que hablan inglés como segundo idioma. También
ofrecen cuentacuentos para bebés y participan en
celebraciones especiales en la zona.

*En la biblioteca Share-a-Book, los niños y los
mayores comparten libros.*

Estos jóvenes lectores están muy agradecidos por los libros que les llevan los camellos.

KENIA

La arena del desierto hace que las carreteras de Bulla Iftin, a doscientas millas al noreste de Nairobi, sean intransitables incluso para los vehículos con tracción a las cuatro ruedas. Pero los jóvenes que viven en los pueblos nómadas de esta zona están deseando leer. Así que los bibliotecarios usan el medio de transporte más económico, ¡los camellos!

Los camellos biblioteca viajan cinco días a la semana. Pueden llevar cargas pesadas y no necesitan mucha agua para cruzar el caluroso desierto. Un camello puede cargar hasta quinientos libros que pesan unas cuatrocientas libras. Un conductor y un bibliotecario dividen los libros en dos cajas. Las ponen en el lomo del camello, sobre un tapete de hierba para protegerlo. Otro camello lleva una tienda de campaña para hacer el techo de la biblioteca.

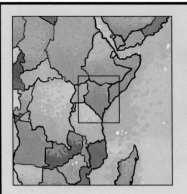

República de Kenia
Capital: *Nairobi*
Población estimada: *32,000,000*

Kenia es un país al este de África. Tiene diversos climas. En la costa, que está en el océano Índico, el clima es caluroso y húmedo. En el interior, el clima es templado y en el norte del país, es seco. El idioma oficial es el inglés. El idioma nacional es el kiswahili.

Los estudiantes de Bulla Iftin esperan ansiosamente la llegada de los camellos. Cuando la caravana llega al pueblo, los niños observan a los bibliotecarios montar la tienda y poner los libros en unos estantes de madera. El bibliotecario pone los tapetes de hierba en el suelo, a la sombra de una acacia, para que los niños se sienten a leer. Los estudiantes disfrutan de sus libros durante dos semanas. Cuando los camellos regresan, los niños pueden cambiar sus libros por otros.

Los camellos están listos para llevar libros a los niños que viven en pueblos remotos.

19

MONGOLIA

Durante siglos, los habitantes de Mongolia llevaban un estilo de vida nómada y se desplazaban con sus rebaños por la estepa, una amplia llanura cubierta de hierba. Todavía quedan muchos pastores que viajan con su ganado a las zonas de pastoreo. La vida de los nómadas no ha cambiado mucho desde los viejos tiempos salvo que ahora, los pastores prefieren usar "caballos de hierro", es decir, motos en lugar de caballos de verdad. Muy pocos tienen teléfono, ¡pero la mayoría sabe leer! En este país no hay prácticamente analfabetismo.

Jambyn Dashdondog es un escritor muy conocido de libros infantiles en Mongolia. Él buscaba una manera de llevar libros a los hijos de las familias de pastores que viven por todo el desierto de Gobi. Para llevar libros al desierto se usa una carreta tirada por un caballo o un camello.

¡Los lectores de Mongolia leen libros en el lomo de su biblioteca!

Junto con la Fundación Cultural para Niños Mongoles, el Sr. Dashdondog consiguió una camioneta y diez mil libros, donados en su mayoría por Japón, que se traducen del japonés al mongol. El Sr. Dashdondog empezó a viajar en su camioneta para llevar libros a los niños que viven en zonas campestres.

Esta gira de libros se llama *Amttai Nom,* que significa "libros caramelo". ¿Por qué? Porque antes de repartir los libros, a los niños les dan comida y caramelos. Después de escuchar cuentos y elegir libros, el Sr. Dashdondog les pregunta a los niños: "¿Qué es más dulce, un libro o un caramelo?". Los niños siempre contestan: "¡UN LIBRO!".

—Acabo de regresar de un viaje donde visité a los hijos de unos pastores en el Gran Desierto de Gobi —dijo el Sr. Dashdondog, que ha visitado a más de diez mil niños en los últimos dos años—. Recorrimos mil quinientos kilómetros en dos semanas. Era invierno y hacía frío y nevaba. No teníamos combustible de invierno, así que tuvimos que usar combustible de verano, pero se congeló por la noche y no pudimos usar la camioneta. Pero no pasamos frío. ¡Los cuentos y sus héroes nos daban calor!

Mongolia
Capital: *Ulaanbaatar*
Población estimada: *2,300,000*

Mongolia es un vasto país al noreste de Asia, con una extensión de más de un millón y medio de kilómetros cuadrados. Tiene menos de dos millones y medio de habitantes, con lo que hay mucho terreno sin habitar. El idioma oficial es el mongol khalkha.

Para preservar la cultura y las tradiciones, los niños aprenden la antigua escritura mongol cirílica, que se escribe verticalmente, de arriba a abajo.

El país tiene altas cordilleras montañosas y grandes llanuras desérticas, con el desierto de Gobi en el sureste, donde viven leopardos de las nieves, caballos salvajes y cabras montesas. Casi todas las carreteras que atraviesan Mongolia están sin asfaltar. Tiene un clima de grandes extremos: frío en invierno y caluroso y muy seco en verano.

Hace cinco mil millones de años, los nómadas ya vivían en la zona que ahora llamamos Mongolia.

El país existe desde el siglo XIII, cuando Ghengis Khan conquistó gran parte de Europa y Asia. Las fronteras han cambiado con frecuencia bajo los gobiernos de China y Rusia. Desde 1924, la República Popular de Mongolia es un país independiente con su propia constitución.

PAKISTÁN

En Pakistán hay pocas bibliotecas y menos aún bibliotecas para niños. La mayoría de las escuelas tampoco tiene bibliotecas. Por eso la Alif Laila Bookbus Society montó una biblioteca infantil en un viejo autobús de dos pisos. Pero para servir a más niños, tenían que poner la biblioteca móvil en la carretera. Gracias a la ayuda del Jersey and Guernsey Trust y al Save the Children del Reino Unido, ahora tienen un autobús muy popular que visita las escuelas. El autobús se llama *Dastangou,* o Cuentacuentos.

El autobús lleva a las escuelas unos seis mil libros en inglés y urdu (los idiomas oficiales de Pakistán). Algunas escuelas reciben visitas semanales del autobús, pero a la mayoría de sitios, el Cuentacuentos solo puede llegar una vez cada dos semanas. Este autobús lleno de libros ha abierto un mundo nuevo a los niños.

Antes de que existiera el autobús cuentacuentos, los niños de Pakistán no tenían acceso a los libros.

22

Afshan, de trece años, dice: —¡Yo antes no sabía cómo era una biblioteca! ¡Este autobús es mágico! Trae cuentos y libros. Ojalá pudiera venir más veces o quedarse más tiempo.

Bushna, de octavo grado, dice: —Cuando llega el Cuentacuentos a las puertas de la escuela, nos ponemos todos en fila para ir a buscar los libros. Después llevamos los libros al salón de clases y leemos durante una hora.

La Sra. Syeda Basarat Kazim es la coordinadora del Cuentacuentos. Explica que no tienen suficientes libros para que los niños se los puedan llevar a sus casas. —Si hiciéramos eso, no nos quedarían libros para la siguiente escuela.

Tabbassum, de doce años, dice: —La primera vez que vino el Cuentacuentos, elegí un libro de poesía. Me puse a copiar los versos en un papel porque no sabía si iba a regresar. Pero la Srta. Nosheen, que viaja en el autobús, me dijo que no me preocupara, que volvería todos los martes. ¡Eso me puso muy feliz!

Lo único que necesita Dastangou *es más libros en sus estantes.*

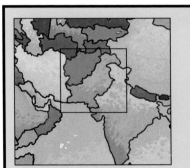 

Pakistán
Capital: *Islamabad*
Estimated population: *150,000,000*

Pakistán, una república islámica del sur de Asia, está bordeada por el mar Arábigo, India, Irán, Afganistán y China.

El país es el doble de grande que California y su clima va de seco y caluroso en el desierto en el sur, al clima ártico de las regiones del norte. Los grupos étnicos de Pakistán incluyen a los punjabi, sindhi, pastún y baloch. Las religiones incluyen la musulmana, cristiana e hindú.

En Pakistán hay dos idiomas oficiales, el urdu y el inglés. Se hablan otros idiomas como punjabí, sindhi, siraiki, pastú, balochi, hindko, brahui y burushaski.

Alif Laila es una organización dedicada a la educación de los niños y patrocina el autobús biblioteca. El nombre es perfecto para una biblioteca. Alif Laila wa-Laila es el título en árabe de Las mil y una noches. En esta colección de cuentos clásicos, el Rey le impone a Scheherazade una sentencia de muerte. La noche antes de la ejecución, Scheherazade le cuenta al Rey una historia. La historia es tan emocionante que el Rey quiere oír otra. Scheherazade empieza a contarle una historia cada noche y eso le salva la vida.

PAPÚA NUEVA GUINEA

En Papúa Nueva Guinea las carreteras no llegan a las aldeas remotas de la selva o sus escuelas. Los voluntarios de Hope Worldwide, una organización sin fines de lucro basada en Filadelfia, tienen una misión: llevar libros a la gente que vive en esas zonas de Papúa Nueva Guinea. Empiezan el viaje en una camioneta con tracción a las cuatro ruedas, por un camino muy empinado de una colina. Después de un viaje largo y difícil, llegan a un poblado llamado Mogi-agi, que significa "camino que sube y baja". El nombre describe perfectamente el paisaje que los rodea.

En Mogi-agi, los estudiantes y su maestro esperan en fila para recibir a los voluntarios. Están emocionados con el nuevo envío de libros. Pero los voluntarios no han terminado su trabajo. Todavía tienen que llegar a una zona más remota, muy adentrada en la jungla: el poblado de Amia. Vadean un río con la camioneta y siguen hasta donde puede llegar su vehículo. Entonces descargan las cajas de libros para llevarlas a los pequeños pueblos de la sierra. Cargados con cajas de libros sobre los hombros, tienen que caminar cuatro horas, atravesar acantilados y cruzar puentes hechos con troncos. Se dirigen al valle donde termina el sendero. Por el camino, la gente del lugar ofrece caña de azúcar a los voluntarios.

La sonrisa de un niño con un libro es la única recompensa que necesitan los voluntarios que llevan los libros hasta la jungla de Papúa Nueva Guinea.

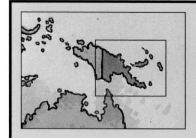

Estado Independiente de Papúa Nueva Guinea
Capital: *Puerto Moresby*
Población estimada: *5,000,000*

Papúa Nueva Guinea está en el océano Pacífico. Consiste en unas ochocientas islas al norte de Australia y al este de Indonesia. El terreno es accidentado, con profundos valles y quebradas. La mayor parte del país está cubierta por la selva tropical. El idioma oficial es el inglés, pero se hablan más de setecientos idiomas adicionales.

Cuando por fin llegan a Amia, los jóvenes se acercan corriendo para recibirlos. Los voluntarios los ayudan a montar una biblioteca. Los jóvenes ayudan a llevar los libros y otros materiales a la escuela. Los voluntarios han cargado cientos de libros en su espalda. Y no solo libros, también han llevado las medicinas que necesitaban en el pueblo desesperadamente, como antibióticos y aspirinas. Los habitantes de Amia leen sus libros agradecidos ¡y están deseando recibir el siguiente envío!

Muchos lectores felices en Papúa Nueva Guinea.

25

PERÚ

Los niños de Perú reciben libros de maneras muy originales e innovadoras.

La organización CEDILI – IBBY Perú entrega bolsas de libros a las familias de Lima. En cada bolsa hay veinte libros y las familias se los quedan durante un mes. Los libros tienen cuatro niveles de lectura para que los niños aprendan a leer. El proyecto se llama *El Libro Compartido en Familia* y permite a los padres compartir la alegría de la lectura con sus hijos.

26

En las comunidades pequeñas y rurales, se envían libros en unas valijas de madera y bolsas de plástico. La comunidad se puede quedar con los libros de las valijas durante tres meses. El número de libros por valija depende del tamaño de la comunidad. En estos poblados pequeños no hay bibliotecas y la gente acude a la plaza para ver qué libros pueden tomar prestados. En las regiones costeras, a veces se llevan libros en carretas tiradas por burros. Estos libros los guarda el promotor de la lectura en su casa.

En la antigua ciudad de Cajamarca, los promotores de la lectura de distintas zonas rurales seleccionan y reciben una gran colección de libros. El programa se llama *Aspaderuc*. Los vecinos del promotor van a su casa para tomar los libros prestados. Cada tres meses, llega una nueva selección de libros a la zona, tanto para niños como para adultos.

Hay otra organización llamada *Fe y Alegría* que lleva colecciones de libros infantiles a las escuelas rurales. Los libros los transportan en carretas. Los niños, que siempre esperan con ilusión el nuevo envío de libros, se han convertido en grandes lectores.

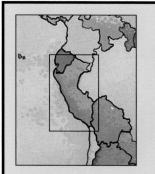

República de Perú
Capital: *Lima*
Población estimada: *28,000,000*

Perú está en Sudamérica. Bordea el océano Pacífico del Sur, y se sitúa entre Ecuador y Chile. Su costa tropical, la cordillera de los Andes y el río Amazonas hacen que Perú sea un país muy diverso e interesante. Los peruanos hablan español. El quechua es el otro idioma oficial. En la historia de Perú se incluye la civilización inca del país, que ocupó gran parte del continente sudamericano hace quinientos años.

Algunos lectores peruanos reciben los libros en carretas tiradas por burros.

TAILANDIA

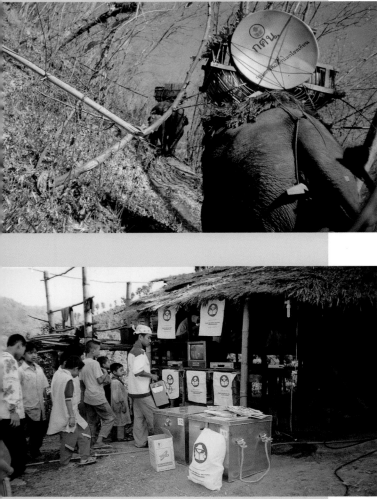

En Omkoi, una región al norte de Tailandia, no hay escuelas ni bibliotecas. Los habitantes de las tribus no saben leer ni escribir. El gobierno de Tailandia espera cambiar esta situación con un programa de alfabetización que llevará libros a los poblados remotos de la jungla.

A algunos de estos poblados solo se puede llegar a pie. Esto hace que el transporte sea difícil, sobre todo en la época de lluvias. ¿Cómo van a llevar los libros a las personas que más los necesitan si viven en las zonas montañosas más difíciles de alcanzar del norte de Tailandia? ¡En elefante!

Los elefantes biblioteca van a los poblados remotos del norte de Tailandia.

Al Centro de Educación No Formal de Chiangmai se le ocurrió usar elefantes bibliotecas. En esa zona usan los elefantes para arar los campos de arroz y transportar troncos y cosechas. Ahora, más de veinte elefantes de la región de Omkoi también se usan para llevar libros. Los equipos que llevan los elefantes pasan dos o tres días en cada poblado. En cada viaje visitan siete u ocho poblados, así que los equipos tardan entre dieciocho y veinte días en completar su viaje.

El programa Libros en Elefante ofrece sus servicios a treinta y siete poblados y ayuda a educar a más de dos mil personas en la región de Omkoi. Han diseñado unos pizarrones especiales de metal que no se rompen cuando los elefantes los llevan por el terreno escabroso.

Los pizarrones se usan para enseñar a los niños tailandeses a leer y escribir. (También hay equipos de dos personas que llevan libros y otros materiales de aprendizaje a otras seiscientas personas en unos dieciséis poblados).

En Bangkok, la capital de Tailandia, han transformado los vagones antiguos de un tren en una biblioteca. El tren se llama *Hong Rotfai Yoawachon*, que significa "tren biblioteca para jóvenes". El tren ofrece servicios a los niños de Bangkok que no tienen hogar. La División de la Policía del Ferrocarril de Bangkok quería encontrar un lugar seguro donde estos niños pudieran estar y reformó los vagones del tren de la estación ya que allí solían pasar mucho tiempo los niños. La policía restauró los trenes y conservó todos sus detalles lujosos, como los paneles de madera y las lámparas brillantes de cobre. Los vagones del tren se convirtieron en una biblioteca y un salón de clases. Aquí los niños aprenden a leer y escribir. La policía también ha transformado la zona de alrededor y ha plantado un jardín de especias y verduras.

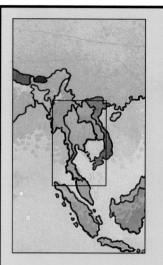

Reino de Tailandia
Capital: *Bangkok*
Población estimada:
62,860,000

Tailandia, que significa "tierra de gente libre", está en el sureste de Asia. Su clima varía con las estaciones. Es seco en enero y febrero, caluroso en marzo y mayo, húmedo de junio a octubre y fresco en noviembre y diciembre. El idioma oficial del país es el tailandés.

ZIMBABUE

En el área rural de Zimbabue hay muchas comunidades pequeñas. Bulawayo es una ciudad de la provincia de Bulawayo, en el oeste de Zimbabue, entre las provincias norte y sur de Matabeleland. A Bulawayo llegan muy pocas carreteras asfaltadas. La gente recorre los caminos de tierra a pie o en carretas tiradas por burros. Las carretas tiradas por burros también se usan para llevar libros.

Rachel, una voluntaria de la biblioteca, trabajó en Bulawayo. Una vez al mes, cargaba cajas de libros en una pequeña carreta de madera tirada por un burro: la Carreta de la Biblioteca Móvil con Burro de Nkayi. El Programa de Desarrollo de Bibliotecas y Recursos Rurales espera promover el amor por la lectura en los jóvenes de las zonas rurales de Zimbabue. La carreta les permite llevar cajas de libros a las escuelas de comunidades pequeñas que son inaccesibles para los vehículos ya que las carreteras están en malas condiciones. Las escuelas se quedan con los libros durante un mes.

—Cargábamos las carretas con las cajas de libros y caminábamos durante horas por los caminos polvorientos que llevaban a los pueblos —recuerda Rachel—. Dejábamos los libros en las escuelas locales. Los niños y los adultos iban a las escuelas para elegir los libros que querían tomar prestados. Intentábamos que la biblioteca siempre estuviera abierta a las mismas horas —añade Rachel riéndose—, ¡pero a veces no podíamos atrapar a los burros y llegábamos tarde!

La carreta de electro-comunicaciones es una de las más nuevas del programa. Además de libros, tiene televisión y un

Los bibliotecarios promueven la educación en la zona rural de Zimbabue.

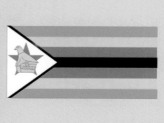

República de Zimbabue
Capital: *Harare (Salisbury)*
Población estimada: *12,833,000*

Zimbabue es un país que no tiene mar y está en el sur de África, bordeado por Botsuana, Mozambique, Sudáfrica y Zambia. La mayor parte de Zimbabue consiste en un altiplano, conocido como el Alto Veld. El idioma oficial es el Inglés, pero la gente también habla shona y ndebele, que son lenguas nativas de la familia del idioma bantú.

reproductor de video, alimentados con luz solar. ¡Algunos niños nunca habían visto televisión! La biblioteca planea añadir una computadora y un disco satélite para que, en un futuro próximo, esta región semiárida de Zimbabue tenga acceso a fax e Internet.

A los niños les encantan los libros ilustrados. Como es una sociedad agrícola, los adultos quieren libros de agricultura. Son populares los libros en ndebele, el idioma local, y los libros de países occidentales, pero a los niños les gusta sobre todo la literatura africana, aunque esté en inglés.

A los niños de Zimbabue, como a todos los niños del mundo, les encanta leer un buen libro.

RECONOCIMIENTOS

El autor desea agradecer a los siguientes individuos, instituciones y organizaciones por su generosa ayuda a la hora de desarrollar este libro:

Australia: Travis LeCouteur; John Foster
Azerbaiyán: Tarlan Gorchu, Coordinador jefe, Centro Cultural Infantil TUTU; Farah Adjalova, Misión Permanente de Azerbaiyán de las Naciones Unidas
Canadá: Carol Rigby, Nunavut; Kim Crockatt, Nunavut; Kevin Lafferty, Sistema de Bibliotecas Públicas de los Territorios del Norte; Christine Drennen, Bowling Green University
Finlandia: Maj-Len Backlund, Bibliotecaria jefe, Pargas; Maija Korhonen, Bibliotecario infantil y juvenil, Biblioteca de la Ciudad de Helsinki; foto de Camilla Andersén
Indonesia: R. Natadjumena y Joko Santoso; fotos, cortesía de la Biblioteca Nacional de Indonesia; Murti Bunanta
Inglaterra: Elaine Midgley, Biblioteca Blackpool; Fotos del proyecto carretilla, cortesía de *The Gazette*, Blackpool; Andrew Fripp, Bibliotecario, Share-a-Book, Gloucestershire; Ian Stringer, Oficial de servicios de apoyo, Biblioteca Central; Jake Selwood, Duke University
Kenia: Thelma H. Tate; fotos, cortesía de IFLA, Servicios Bibliotecarios Nacionales de Kenya y la Thomas Moroney Bookmobile Company; Job K. Cherutich, Embajada de Kenia
Mongolia: Jambyn Dashdondog y la Biblioteca Central Metropolitana de Ulaanbaatar; Misión de Mongolia de las Naciones Unidas
Pakistán: Syeda Basarat Kazim; Embajada de Pakistán
Papúa Nueva Guinea: Dr. Graham Ogle, Director regional (Pacífico Sur), HOPE Worldwide; Embajada de Papúa Nueva Guinea
Perú: Lilly C. de Cueto, Presidenta, IBBY-Perú; Teresa Falcon, CEDILI-IBBY Perú
Tailandia: Aree Cheunwattana, Srinakharinwirot University, Bangkok y Surapong Chaiwong, el Centro de Educación No Formal de Chaiwong; Montatip Krishnama, The University of Michigan
Zimbabue: Maggie Hite; Kenlee Ray; Rachel Elley; Thelma Tate y Profesor Lawton; Sr. Matambo, Consulado de Zimbabue; y Sjoerd Koopman, Coordinador de actividades profesionales, Federación Internacional de Asociaciones de Bibliotecas e Instituciones

Referencias:
Children's Book News, Canadian Children's Book Center, Primavera 2001
Bookbird, International Board on Books for Young People, Vol. 39, No. 1, 2001; Vol. 39, No. 2, 2001; Vol. 35, No. 2, 1997
"Report on the Assessment of Non-Motorized Mobile Libraries: The Donkey Drawn Mobile Library Services in Zimbabwe," Agosto 6-13, 2001. Este estudio de campo No. 2 fue dirigido por Thelma H. Tate, Presidente de la Mesa Redonda de Bibliotecas Móviles en asociación con el Secretario General Obadiah T. Moyo del Programa de Desarrollo de Bibliotecas y Recursos Rurales: un equipo de profesionales expertos en bibliotecas de instituciones de Zimbabue; y la Moroney Bookmobile Company (EE. UU.).